BEI GRIN MACHT SICH IHR WISSEN BEZAHLT

Patrick Roesler

Die Ermordung der Agrippina

GRIN Verlag

Bibliografische Information der Deutschen Nationalbibliothek:

Die Deutsche Bibliothek verzeichnet diese Publikation in der Deutschen National-
bibliografie; detaillierte bibliografische Daten sind im Internet über http://dnb.d-
nb.de/ abrufbar.

Impressum:

Copyright © 2005 GRIN Verlag GmbH
Druck und Bindung: Books on Demand GmbH, Norderstedt Germany
ISBN: 978-3-640-99918-7

Dieses Buch bei GRIN:

http://www.grin.com/de/e-book/178148/die-ermordung-der-agrippina

GRIN - Your knowledge has value

Der GRIN Verlag publiziert seit 1998 wissenschaftliche Arbeiten von Studenten, Hochschullehrern und anderen Akademikern als eBook und gedrucktes Buch. Die Verlagswebsite www.grin.com ist die ideale Plattform zur Veröffentlichung von Hausarbeiten, Abschlussarbeiten, wissenschaftlichen Aufsätzen, Dissertationen und Fachbüchern.

Besuchen Sie uns im Internet:

http://www.grin.com/

http://www.facebook.com/grincom

http://www.twitter.com/grin_com

„Tacitus, *Annales*"

Wintersemester 2004 / 05

Seminararbeit von Patrick Roesler

Die Ermordung der Agrippina

Inhalt

1. Einleitung

In dieser Arbeit beschäftige ich mich mit den Nero-Büchern der *Annales* des römischen Geschichtsschreibers Publius Cornelius Tacitus, wobei ich mein Hauptaugenmerk auf die Ermordung der Mutter Neros, Agrippina (ann. 14, 1 ff.), legen möchte. Zunächst scheint es mir wichtig, das Werk und seinen Autor in den Kontext der römischen Historiographie einzuordnen. Im Hauptteil meiner Arbeit versuche ich, die schriftstellerische Leistung des Tacitus in angemessener Weise zu würdigen, indem ich die Ermordung der Agrippina in den Gesamtzusammenhang der *Annales* einbette und in einer möglichst umfassenden interpretatorischen Darstellung den Gedankengang des Autors offenlege und deute. Dabei möchte ich vor allem auch die Frage diskutieren, inwieweit sich die *Annales* als Quelle für die Geschichte der römischen Kaiserzeit eignen. Darüber hinaus werde ich an einigen Stellen auch auf die Schilderung der Ermordung Agrippinas in Suetons Nero-Biographie zu sprechen kommen.

2. Tacitus und die *Annales*

Der römische Geschichtsschreiber Publius Cornelius Tacitus (ca. 55 - ca. 120 n. Chr.), ein Vertreter der silbernen Latinität, überlebte die Terrorherrschaft Domitians (81 - 96 n. Chr.) und konnte erst unter Kaiser Trajan ohne Gefahr für Leib und Leben damit beginnen, literarisch tätig zu sein. „Nach der Ermordung Domitians im Jahre 96 brachen Kontroversen darüber aus, wie sich Senatoren gegenüber einem Kaiser zu verhalten hätten. Auf diese Frage antwortete Tacitus zunächst mit dem *Agricola*, später mit seinen beiden großen historiographischen Werken, *Historiae* und *Annales*" (Flaig 2001: 1210). Er porträtiert mit bitter-ironischem Unterton die Herrschaft des Julisch-Claudischen Hauses und warnt vor den Gefahren uneingeschränkter Macht.

Die *Annales*, deren ursprünglicher Titel wohl *Ab excessu Divi Augusti* lautete, sind das letzte große Werk des Tacitus. Das mindestens 16 Bücher umfassende Geschichtswerk deckt die Zeit vom Tode des Augustus (14 n. Chr.) bis zum Tode Neros (68 n. Chr.) ab, also die Herrschaft der Kaiser Tiberius, Caligula, Claudius und Nero. Dabei sind jedoch nur die Bücher über Tiberius und Nero fast vollständig erhalten. Vermutlich basieren die *Annales* auf einer Vielzahl von Quellen, über deren Zuverlässigkeit sich aber keine genauen Aussagen treffen lassen, da Tacitus sie fast nie nennt.

Der Autor verbindet mehrere Historikermethoden zu seiner ganz eigenen. „Tacitus is an historian, and the ancient historian played many roles as he presented and interpretated his material: an historical methodologist, a moralist, a psychologist, a political analyst, and, far from least, a literary artist" (Mellor 1993: 29). Er berücksichtigt in erster Linie die Kaiser und die Kaiserstadt Rom, wobei er einen der Hauptschwerpunkte auf das Verhältnis zwischen Senat und Kaiser legt. „As a moral historian, Tacitus demands that individual responsibility and free will remain a central element in his narative and in the destiny of the Roman people" (ibid.: 31). Er kritisiert den politischen und moralischen Verfall, der eingetreten ist, weil der römische Senat es nicht geschafft hat, sich dem neuen System, dem Prinzipat, anzupassen. Die Mehrheit der Senatoren verzichteten jetzt darauf, ihren eigenen Willen durchzusetzen. „In antiquity, all serious writers intended both to entertain and to teach, and history was a literary genre, not the scientific one that it became in modern times. [...] The historian records in order to explain; he explains in order to teach" (ibid.: 29/30).

Tacitus schrieb weder wissenschaftlich fundierte Geschichte noch eine bloße Chronik der Ereignisse (vgl. Mellor 1993: 45). Ausgehend von der Psyche, der Moral und den inneren Motivationen der Mächtigen im Kaiserhaus beschreibt, analysiert, erklärt und deutet der Autor die politischen Ereignisse. „Some critics suggested that Tacitus created a new genre which combined the political aim of history with the ethical goal of ancient biography, and thereby foreshadowed later drama and even the novel" (ibid.: 135).

3. Tacitus' Schilderung der Ermordung der Agrippina

Nero (37 - 68 n. Chr.), der letzte Kaiser aus dem Julisch-Claudischen Haus, war der Sohn des Senators Gnaeus Domitius Ahenobarbus und der Agrippina der Jüngeren. Diese war die Schwester des Kaisers Caligula sowie die Tochter von Agrippina der Älteren und Germanicus Caesar, dem Enkel des Kaisers Augustus. Agrippina hatte 49 n. Chr. ihren Onkel, Kaiser Claudius, geheiratet und ihn dazu gebracht, ihren Sohn Nero zu adoptieren und diesen seinem eigenen Sohn Britannicus vorzuziehen. Darüber hinaus arrangierte sie im Jahre 53 n. Chr. die Heirat Neros mit des Kaisers Tochter Octavia.

Mit der Erziehung ihres Sohnes beauftragte sie Lucius Annaeus Seneca (um 4 v. Chr. - 65 n. Chr.). Dieser war im Jahre 41 aufgrund einer Hofintrige nach Korsika verbannt worden, Agrippina hatte ihn jedoch bald nach ihrer Hochzeit mit Claudius wieder zurückgerufen (vgl. Dingel 2001: 412). Dabei konnte sie sich der Loyalität Senecas sicher sein, hatte sie doch große Anstrengungen zu seiner Rehabilitierung unternommen. „[Agrippina also convinced Claudius] that two Prefects [for the Praetorian Guard] only interfered with the guard discipline by their mutual rivalry. She produced, as a candidate for the single Prefecture, the irreproachable Burrus, known to Claudius as his financial agent, yet hereafter bound by loyality to his wife who had raised him unexpectable to such heights" (Griffin 1984: 68).

Als die Ratgeber des Claudius ihn darauf aufmerksam machten, dass er seinen Spross Britannicus mit solchen Entscheidungen erheblich benachteiligte, und er ihnen Gehör zu schenken schien, ließ Agrippina ihren Mann 54 n. Chr. vergiften, ihren Sohn Nero schließlich von den Prätorianern zum Kaiser ausrufen und vom Senat bestätigen (vgl. Eck 2000: 851).

„At the accession of a new Princeps or when a serious conspiracy threatened the throne, the loyalty of the praetorians could determine the course of history. For this reason, they became involved in intrigue regarding the succession" (Griffin 1984: 68).

Nach der Machtergreifung Neros übernahmen Agrippina, sein Erzieher Seneca und der Prätorianerpräfekt Sextus Afranius Burrus für ihn die Regierungsgeschäfte (55 - 59 n. Chr.). Für Seneca und Burrus stellte sich nun das Problem, dass sie zwar durch Agrippina zu ihrer einflussreichen Stellung gelangt waren, doch als Vertraute Neros wollten sie ihn möglichst auch dem übermächtigen Einfluss seiner Mutter entziehen. Somit bahnte sich schon früh ein Machtkampf zwischen Agrippina und des Kaisers beiden Beratern an. Seine Mutter hatte Nero gegen alle Widerstände den Thron verschafft, doch nun wollte sie ihre Vorstellung von Macht verwirklichen und erweckte damit das Missfallen Senecas und Burrus' (vgl. ibid.: 76).

„Agrippina was a formidable adversary. She had political allies at all levels, acquired during Claudius' reign, and she knew how to exploit her Augustan lineage and descent from Germanicus to the full. [...] She certainly exploited the habits of obedience Nero acquired in childhood towards his sole parent, and she never hesitated to remind him of her efforts in securing him the throne" (Griffin 1984: 73).[1]

Tacitus ordnet in den Nero-Büchern der *Annales* die geschichtlichen Ereignisse immer um die Personen an, die Neros Herrschaft gerade beeinflussen. Jolanda Tresch unterscheidet dabei drei Phasen (vgl. Tresch 1965: 75): In der ersten Phase seiner Herrschaft lenken Agrippina, Seneca und Burrus die Entscheidungen des Kaisers. Agrippina zieht im Machtkampf jedoch den kürzeren und wird schließlich ermordet. In einer zweiten Phase gewinnt Neros Geliebte

---

[1] In ann. 13, 21, 3 lässt Tacitus Agrippina ganz offen ihre Absichten erklären: „cum meis consiliis adoptio et proconsulare ius et designatio consulatus et cetera apiscendo imperio praepararentur" (vgl. Späth 1994: 92).

und spätere Ehegattin Poppaea Sabina, deren Einfluss am Ende der ersten Phase schon beträchtlich gewachsen ist, an Macht, Seneca und Burrus treten hingegen immer mehr in den Hintergrund. In der dritten und letzten Phase seiner Herrschaft gerät Nero zunehmend unter den schlechten Einfluss des Tigellinus.

Ronald Mellor vertritt die Ansicht, dass Tacitus in den Nero-Büchern an vielen Stellen Parallelen zu Tiberius zieht, um auch im Nachhinein noch einmal einen dunklen Schatten auf dessen Herrschaft zu werfen (vgl. Mellor 1993: 117/118). „The third hexade [of the *Annals*] begins with the accession of Nero (13, 1: 'The first death of the new regime ...' [i. e. that of Claudius]) with Tacitus explicitly referring back to the accession of Tiberius (1, 6: 'The first crime of the new regime was the murder of Postumus Agrippa'). The parallel between these two reigns extends to the implied comparison of the domineering imperial mothers, Livia and Agrippina" (ibid.: 23/24). Darüber hinaus unterscheide der Autor jeweils positive und negative Phasen in der Herrschaft der beiden Kaiser.

Laut Tacitus überzeugten Seneca und Burrus den jungen Kaiser davon, dass die übermächtige Stellung seiner Mutter seinem Ansehen und seiner Beliebtheit beim Volk schaden könnte: „quod in eo subsidium, qui a femina regeretur [?]" (ann. 13, 6, 2). Um die Macht Agrippinas zu schwächen, führte Seneca die schöne Freigelassene Acte in Neros Kreise ein. Der Kaiser verliebte sich in sie und vernachlässigte zusehends seine Ehefrau Octavia, woraufhin seine Mutter ihm bittere Vorwürfe machte, denn sie sah ihre eigene Stellung bedroht (vgl. Späth 1994: 53): „sed Agrippina libertam aemulam, nurum ancillam aliaque eundem in modum muliebriter fremere [...]" (ann. 13, 13, 1). „Die Mutter widersetzt sich dieser Leidenschaft des Sohnes. Hier aber kann und will Nero nicht nachgeben. Und hier nun ist für Seneca der leichteste Weg, sich das Vertrauen des Kaisers zu sichern, wenn er ihm nicht widerspricht" (Tresch 1965: 84). Nero überwarf sich 55 n. Chr. schließlich mit seiner Mutter, die ihm daraufhin mit den Thronansprüchen des Britannicus drohte. Nach Tacitus ist ein rein persönliches Geschehen zugleich mit einem machtpolitischen verknüpft. Die persönlichen Handlungen Neros und Agrippinas haben in seinen Augen sofort politische Auswirkungen (vgl. ibid.: 74). Der Autor schildert die ständigen Intrigen Agrippinas gegen ihren Sohn, die dem Erhalt ihrer Macht dienen sollten: Erst wandte sie sich Britannicus zu, Nero ließ ihn ermorden; dann schlug Agrippina sich auf die Seite seiner von ihm vernachlässigten Ehefrau Octavia, weshalb die Kaiserinmutter schließlich den Palast verlassen musste. Nero isolierte sie vom kaiserlichen Haushalt und besuchte sie nur noch selten. „Tacitus zeigt eindringlich die Mutter als den eigentlichen Machtfaktor des julisch-claudischen Hauses, die über Britannicus' Tod hinaus

3

wirksam ist: mit ihren Siegen oder Niederlagen eng verknüpft sind Neros Herrschaftsphasen" (Tresch 1965: 86). Agrippinas Intrigen gegen ihren Sohn scheitern zwar, aber Agrippina wird Nero immer lästiger, und bedroht zusehends seine Herrschaft. Tacitus verdeutlicht in seinem Text den Widerspruch zwischen der mütterlichen Unterstützung des Sohnes auf ihrem Weg zur Macht und der darauf folgenden Machtkonkurrenz (vgl. Späth 1994: 94). „Agrippina wird dargestellt als Überträgerin der Macht – *filio* [*dabat*] *imperium* –, die nicht ertragen kann, dass er dieses *imperium* auch ausübt: *tolerare imperantem nequibat*" (ibid.: 87).

In seiner Schilderung der Jahre 56 bis 59 n. Chr. erwähnt Tacitus die Aktivitäten Agrippinas mit keinem Wort, die Mutter des Kaisers tritt völlig in den Hintergrund. „Clearly it is a deliberate decision on the part of Tacitus to keep her off the stage until a time when her reappearance can make the maximum impact. Nowhere in the whole of his domestic narrative does Tacitus more conspicuously arrange his material to reveal only what he regards as significant" (Martin 1994: 166). Umso überraschender ist daher auch der Moment ihrer Wiedereinführung ins Geschehen zu Beginn des 14. Buches der *Annales*. Der Autor konfrontiert den Leser ganz plötzlich mit Neros Mordabsichten, die er mit dessen kühnem Verlangen nach der Herrschaft und der Liebe zu Poppaea Sabina erklärt[2]: „Gaio Vipstano C. Fonteio consulibus diu meditatum scelus non ultra Nero distulit, vetustate imperii coalita audacia et flagrantior in dies amore Poppaeae" (ann. 14, 1, 1).[3]

„Eine der Klammern des 14. Buches liegt in der Äußerung und Erfüllung von Poppaeas Wunsch nach Verheiratung mit Nero, da der Wunsch in c. 1 ausgesprochen und in c. 60 mit der Heirat erfüllt wird [...] Mit der Beseitigung der unglücklichen Octavia korrespondiert am Buchanfang in c. 1 - 13 das Abtreten Agrippinas von der Bühne des Lebens und der Geschichte, das ebenso in Poppaeas Streben nach dem Thron eine wesentliche Rolle spielt" (Wille 1983: 543). Poppaea Sabina war 58 n. Chr. in Neros Leben getreten und der junge Kaiser war ihrem Charme bald ganz verfallen. Donald R. Dudley betont, dass Tacitus in nur zwei Kapiteln (ann. 13, 45 - 13, 46) ein umfassendes und in seinem Sinne aussagekräftiges

---

[2] Anthony A. Barrett urteilt darüber wie folgt: „Tacitus does offer an explanation [for the murder], one so unconvincing that it was probably offered out of desperation and suggests that he was as puzzled as we are [over the reasons]" (Barrett 1996: 181).

[3] Bei Sueton, der die Kaiser in den Mittelpunkt seiner Biographien stellt, ist Nero der Haupthandlungsträger. Im Gegensatz zu Tacitus rückt er den jungen Kaiser als Erzverbrecher ins Zentrum des Geschehens und stellt ihn als alleinigen Urheber der Intrige gegen seine Mutter hin. Laut Sueton wurde Agrippina Nero „lästig", weil sie sich ständig einmischte und ihn kritisierte; schließlich beschloss er ihren Tod, weil er immer größere Angst vor ihr hatte: „matrem facta dictaque sua exquirentem acerbius et corrigentem hactenus primo grauabatur, ut [...] verum minis eius ac violentia territus [matrem] perdere statuit" (Nero 34, 1/2).

4

Charakterbild von Poppaea Sabina zeichnet und dem Leser vor Augen führt, welche Rolle sie im weiteren Verlauf des Geschehens spielen wird (vgl. Dudley 1969: 57 ff.). Indem der Autor die Geliebte Neros an den Anfang seiner Argumentation stellt, will er vielleicht zeigen, dass auch der junge Kaiser unter den schlechten Einfluss einer Frau geriet, die ihre Rivalinnen im Kampf um den Thron ausschaltete. Denn genau das war die Vorgehensweise der Agrippina, die ihren Onkel Claudius umgarnte, um sich die Macht zu sichern. „[But] the fact that three years elapsed between Agrippina's murder and Poppaea's marriage to Nero [...] must at least cast doubt on the part Tacitus assigns to Poppaea in motivating Agrippina's murder" (Martin 1994: 170).

Laut Tacitus hetzte Poppaea Sabina ihren Liebhaber und künftigen Gatten Nero gegen seine Mutter auf: „sibi matrimonium et discidium Octaviae incolumi Agrippina haud sperans crebris criminationibus, aliquando per facetias incusare principem et pupillum vocare, qui iussis alienis obnoxius non modo imperii, sed libertatis etiam indigeret" (ann. 14, 1, 1). Sie war sich durchaus darüber bewusst, dass Agrippina ihrer Hochzeit mit dem Kaiser im Weg stand. Poppaea verspottete Nero als ein seiner Mutter höriges Kind und pries dann ihre eigenen Qualitäten an: Schönheit, berühmte Ahnen, Aufrichtigkeit und Fruchtbarkeit. „Eine Frau hat Kinder zu gebären; Geburten sind Sache der Ehre – jener der Frau als Gebärerin, aber auch jener des Vaters legitimer Kinder. Eine Gattin handelt deshalb zugunsten des Ehemanns, wenn sie Kinder gebärt" (Späth 1994: 64). Tacitus stellt Poppaea somit ausdrücklich der kinderlos gebliebenen Ehefrau Neros, Octavia, gegenüber.

In ann. 14, 2 schreibt Tacitus, dass Agrippina immer noch alles daran setzte, um auch weiterhin großen Einfluss auf ihren Sohn ausüben und seine Entscheidungen lenken zu können. Zum Beweis führt er an, der Autor Cluvius berichte, dass Agrippina Nero des Öfteren mit ihren weiblichen Reizen umgarnt und ihm sogar den Inzest angeboten habe. „The political use of sexual excess is a particular provocation to [the moral] Tacitus. His most notable example is the younger Agrippina who slept her way to the pinnacle of political power. She seduced her uncle Claudius into marriage [...] and then murdered him so that her son, Nero, could succeed to the throne. She was later rumored to have had sexual relations with that son in an unsuccessful attempt to maintain her control over him" (Mellor 1993: 53). Allein Seneca, so Tacitus, habe Schlimmeres verhindert und Nero über die Folgen solch schändlichen Tuns aufgeklärt, woraufhin dieser „vitare eius secretos congressus, abscedentem in hortos aut Tusculanum vel Antiatem in agrum laudare, quod otium capesseret" (ann. 14, 3, 1). Obwohl dies eine der sehr wenigen Textstellen ist, an denen der Autor seine Quellen ausdrücklich nennt, ist was er aus ihnen entnimmt kein historischer Beleg sondern offensichtlich gerade eines der Gerüchte, die über Nero kursierten. „[It was not easy for Tacitus to write the history of past times]. Sources had disappeared and rumors must be used in place of better evidence. Tacitus may report rumors, if only to deny them, because they shed a light on the times" (Mellor 1993: 37).

Zusammenfassend lässt sich sagen, dass Tacitus den letzendlichen Entschluss des Kaisers, zur Ermordung seiner Mutter mit dem wachsenden Einfluss der Poppaea Sabina auf den in sie verliebten Nero begründet, und mit den zweifelhaften Machenschaften der Agrippina, welche sich keineswegs positiv auf seine Reputation auswirken würden.

Die Schilderungen des ersten, fehlgeschlagenen Mordanschlags auf Agrippina bei Sueton (vgl. Nero 34, 2) und bei Tacitus (vgl. ann. 14, 3 - 14, 5) stimmen, gemessen an den genannten Fakten, weitgehend überein, allerdings gibt es interessante Unterschiede in der Darstellungsweise. Sueton berichtet, dass Nero zunächst dreimal den Versuch unternahm, seine Mutter zu vergiften, bis er feststellen musste, dass sie sich durch die Einnahme von Gegengiften immunisiert hatte. Bei Tacitus ist dieses Szenario ein reines Gedankenexperiment Neros, das er als nicht praktikabel verwirft, weil er schon den Stiefbruder Britannicus vor kurzem durch Gift getötet hatte (vgl. ann. 14, 3, 1 ff.). Des Weiteren personifiziert der Autor den Mordplan und dessen Umsetzung: der Freigelassene Anicetus, Kommandant der dem Kaiser unterstehenden Flotte bei Misenum, bringt den entscheidenden Vorschlag zur Beseitigung Agrippinas[4]: „ergo navem posse componi docet, cuius pars ipso in mari per artem soluta funderet ignaram: nihil tam capax fortuitorum quam mare; et si naufragio intercepta sit, quem adeo iniquum, ut sceleri adsignet, quod venti et fluctus delinquerint?" (ann. 14, 3, 3). Tacitus urteilt, dass dieser einstige Erzieher aus Neros Kindertagen an der Ermordung der Kaiserinmutter besonders interessiert war, weil sie auch ihm verhasst war; nähere Erklärungen gibt er dazu aber nicht (vgl. ann. 14, 3, 3).

„Anicetus had his second inspiration at a theatrical performance, during which a mechanical ship miraculously came apart to let out some animals, and then reassemble itself" (Barrett 1996: 184). Tacitus verbindet das Ereignis anscheinend mit der Leidenschaft Neros für großartige Maschinerien, wie sie er später in seiner *domus aurea* installieren ließ. Vielleicht sollte

---

[4] Laut Tacitus trägt selbiger Anicetus Nero nach dem gescheiterten Attentat die Bitte an, den Mordplan zum Abschluss führen zu dürfen. Mit der Personifizierung des Mordplans verdeutlicht der Autor folglich, dass der Kaiser noch die Wahl hatte: er hätte sich durchaus gegen Anicetus und damit gegen den Mord entscheiden können, auch wenn selbst Seneca und Burrus in diesem Moment keinen anderen Ausweg mehr sahen.

Agrippina in Wirklichkeit nur Schiffbruch erleiden? Sueton berichtet in seiner Nero-Biographie auch von dem Plan, die Zimmerdecke von Agrippinas Schlafgemach über ihr zusammenbrechen zu lassen und sie so aus dem Leben zu reißen. Anthony A. Barrett vermutet, dass Tacitus möglicherweise diese beiden Ereignisse – Schiffsunglück und Deckeneinsturz – miteinander vermischt hat, um die Dramatik zu steigern (vgl. Barrett 1996: 187).

Als der Mordplan gefasst war, lud Nero seine Mutter unter dem Vorwand eines Versöhnungstreffens zu einem gemeinsamen Festmahl nach Baiae ein: „illuc matrem elicit, ferendas parentium iracundias et placandum animum dictitans, quo rumorem reconciliationis efficeret acciperetque Agrippina, facili feminarum credulitate ad gaudia" (ann. 14, 4, 1). Tacitus gibt an, erfahren zu haben, dass Agrippina von jemandem vorgewarnt worden sei und deshalb lieber auf dem Landweg nach Baiae reiste (vgl. ann. 14, 4, 4): „Agrippina wusste von der Gefahr, aber sie zweifelte, ob sie der Warnung glauben sollte. Damit erwächst eine ungeheure Dramatik. Tacitus hat diese Tatsache wohl schwerlich erfunden, aber dass er sie nicht anfangs gesagt hatte, macht seinen Bericht wahrhaft wirkungsvoll" (Tresch 1965: 100). Für den Autor ist letztlich allein die Tatsache, dass Agrippina eine Frau ist – und damit leichtgläubig gegenüber allem Angenehmen –, ausschlaggebend dafür, dass Agrippina sich von ihrem Sohn täuschen ließ und seine Einladung annahm.

Nachdem die Kaiserinmutter sich von ihrem Sohn verabschiedet und sich aufs Schiff begeben hat, lässt Tacitus den Abend für Agrippina in ebenso freudiger Stimmung ausklingen, wie er anscheinend schon begonnen hat. Er erhält das von Nero geschaffene Trugbild bis zum Moment der plötzlich hereinbrechenden Katastrophe aufrecht, allerdings führt er dem Leser die bedrohliche Stimmung vor Augen: „noctem sideribus inlustrem et placido mari quietam quasi convincendum ad scelus dii praebuere" (ann. 14, 5, 1). „Tacitus paints a charming picture of [Agrippina and Acerronia] discussing the happy turn of events. The scene is presumably a dramatic device to emphasize Agrippina's tragedy since, if true, it would suggest that she was naive to a degree never previously manifested throughout her life" (Barrett 1996: 186/187).

Nachdem sich Agrippina aus dem sinkenden Schiff gerettet hat, verschafft Tacitus uns wie so oft einen Einblick in die Gedanken der Hauptpersonen (vgl. ann. 14, 6, 1): die Kaiserinmutter überdachte noch einmal den trügerischen Einladungsbrief ihres Sohnes und das Auseinanderbrechen des Schiffes. Sie erinnerte sich auch an den Tod ihrer Begleiterin: „verum Acerronia, imprudentia dum se Agrippinam esse utque subveniretur matri principis clamitat, contis et remis et quae fors obtulerat navalibus telis conficitur" (ann. 14, 5, 3). Agrippina stellte fest, dass ihr Leben in Gefahr war und dass sie sich gegenüber ihrem Nero verstellen musste, wenn

7

sie weiterleben wollte. Also schickte sie den Boten Agerinus zu ihrem Sohn mit der Nachricht, dass sie den unvorhergesehenen Unfall unbeschadet überstanden habe (vgl. Martin 1994: 171). Doch der Kaiser hatte schon vor der Ankunft des Boten seiner Mutter von ihrer Rettung erfahren und nun befiel ihn panische Angst (vgl. ann. 14, 7, 1 ff.). Hier ist Tacitus nun der entlarvende Geschichtsschreiber: er betont, dass Nero auch jetzt noch große Angst vor seiner Mutter hat und daran zweifelt, dass er den Thron sicher in Händen hält. „So schwer es [dem Kaiser] auch wurde, er musste seinen beiden Ministern reinen Wein einschenken und flehte sie an, ihn nicht im Stich zu lassen. Burrus und Seneca hatten keine andere Wahl; nur der augenblickliche Tod Agrippinas konnte den Sturz Neros verhindern. Sie gaben widerwillig ihre Zustimmung, vorausahnend, dass sie nun jeden Einfluss auf Nero verloren hätten und dass er sich ihrer, je eher, desto besser, entledigen würde" (Pflaum 1963: 340). Indem Tacitus ausdrücklich erwähnt, dass Burrus sich weigerte, den Prätorianern den Befehl zum Mord an Agrippina zu erteilen (vgl. ann. 14, 7, 4), verdeutlicht er noch einmal, dass Agrippina, die Tochter des Germanicus, seiner Ansicht nach auch in diesem Moment noch soviel Einfluss hatte, dass die Leibgarde der kaiserlichen Familie ihr nicht die Treue versagte. Der Prätorianerpräfekt schlägt daraufhin erneut Anicetus für die Ausführung des Mordes vor, er soll zu Ende bringen, was er angefangen hat.

Laut Sueton schickte Nero erst Meuchler zu Agrippina, nachdem Agerinus ihm die freudige Kunde ihrer Rettung überbracht hatte und er ihn „abiecto clam iuxta pugione ut percussorem sibi surbornatum arripi constringique iussit" (Nero 34, 3). Der Autor motiviert demnach die letzendlich doch noch erfolgende Ermordung der Agrippina mit der List Neros, Agerinus als Attentäter hinzustellen, indem er heimlich einen Dolch neben ihm fallen lässt. Tacitus hingegen berichtet, dass Nero schon vor dem Eintreffen des Boten von Agrippinas Rettung erfahren hatte, auf Anraten seiner Berater hin Anicetus mit Meuchlern schickte und die *dissimulatio* schließlich noch vollendete, indem er den ahnungslosen Boten seiner Mutter als Attentäter beschuldigte.

„But before Anicetus and his assassins could reach the villa where Agrippina was staying, there occured an incident that is found only in Tacitus, and is in all probability included to afford a moment of dramatic retardation before the expected climax is achieved" (Martin 1994: 171). Tacitus dramatisiert Agrippinas letzte Stunde ebenso wie schon das zuvor gescheiterte Attentat. Zunächst scheint alles ein glückliches Ende zu nehmen: die Leute aus der Nachbarschaft waren zusammengeströmt, als sie die Nachricht vom Schiffsunglück erreichte.

Und als sie von Agrippinas Rettung erfahren hatten, strömten sie zu ihrer Villa, um ihr Glückwünsche zu überbringen. Doch plötzlich betrat Anicetus mit einer Gruppe bewaffneter Männer die Szene und ließ das Haus umstellen (vgl. ann. 14, 8, 1 ff.). Die Meuchler stürmten schließlich hinein und mordeten Agrippina, doch die Mutter Neros verlor bis zuletzt nicht die Beherrschung. Ronald Mellor weist darauf hin, dass Tacitus bei seiner gesamten Schilderung der Ereignisse bis hin zum Mord der Agrippina auffallend viele Elemente des Dramas verwendet: „prologue (the appeal of Poppaea for Agrippina's death), tension increased by digressions (differing accounts of incest between Nero and Agrippina), dramatic irony (warm greetings for Agrippina at Nero's villa), reversal of fortune (collapse of the booby-trapped boat with Agrippina's remarkable escape and her welcome by the crowd; Nero's panic), and omens (astrologers' predictions; mysterious trumpet blasts from the grave). Even Agrippina's final ironic comment to her murderers, „Strike here!", pointing to the womb which had borne Nero, seems operatically melodramatic" (Mellor 1993: 121).

Erich Koestermann (1968: 43) hebt völlig zu Recht die erstaunliche Fülle der Ereignisse hervor, die sich in dieser einen Nacht geradezu überschlagen: Agrippina verlässt Neros Gastmahl erst gegen Mitternacht, verunglückt dann mit dem Schiff und findet, nachdem sie mit heiler Haut davongekommen ist, trotzdem noch die Zeit, sich über ihre Situation klar zu werden und als Präventivmaßnahme einen Boten zu schicken; Nero indes benötigt Zeit, um sich mit Seneca und Burrus zu beraten und Anicetus eine Meuchlertruppe zusammenstellen zu lassen; schließlich geschieht der Mord, und die Kaiserinmutter wird noch in derselben Nacht verbrannt. „Und nun wird auch noch geschildert wie Nero, von seinem Gewissen gefoltert, während des 'Restes der Nacht' halbirr vor Entsetzen keine Ruhe findet" (Koestermann zu ann. 14, 10, 1: ibid.). Erst die vom Prätorianerpräfekten Burrus am nächsten Morgen arrangierten Huldigungen der Zenturionen und Tribunen nehmen dem Kaiser schließlich die Angst, er könnte gestürzt werden.

Trotzdem zieht sich Nero vorsichtshalber erst einmal nach Neapel zurück. Von hier aus schickt er einen Brief an den Senat: „[litteras] quarum summa erat repertum cum ferro percussorem Agerinum, ex intimis Agrippinae libertis, et luisse eam poenam conscientia, quasi scelus paravisset" (ann. 14, 10, 3). Gleichzeitig erhebt er darin schwere Vorwürfe gegen seine Mutter, wobei er u. a. ihr Streben nach der Mitherrschaft, ihre Einmischung in die Außenpolitik sowie ihre Freveltaten während der Regierungszeit des Claudius erwähnt. Der Brief ermöglicht ihm schließlich die Rückkehr nach Rom. Tacitus versäumt an dieser Stelle nicht, zu erwähnen, dass die allgemeine Stimmung im Volk gegen Nero – „cuius immanitas omnium questus anteibat" (ann. 14, 11, 3) – und auch gegen Seneca war, der solche Briefe verfasste, die statt Verteidigung schon Geständnis waren. Der Autor bringt damit auch seinen Ärger über die Unverschämtheit des Briefes zum Ausdruck (vgl. Tresch 1965: 107). „[Sowohl] die Stadtbevölkerung als auch der Senat empfingen den Muttermörder wie einen Triumphator. Ein paar menschenfreundliche Gesten Neros offenbaren ihre Schande: Höflinge [...] Senat, Volk – alle kriechen und huldigen" (Tresch 1965: 110). Schon in 14, 7, 5 erwähnt Tacitus, dass der Kaiser nach eigenem Gefühl erst mit dem Todestag seiner Mutter die eigentliche Herrschaft antrat. Doch mit ihrem Tod waren auch die Leidenschaften Neros nicht mehr unter Kontrolle: er gibt sich seiner Lust an Luxus und Spielen hin, wird immer mehr von Angst beherrscht und lässt sich von schlechten Beratern beeinflussen (vgl. ibid.: 75).

Zum Abschluss stellt sich nun noch die Frage, inwieweit Tacitus' historisches Spätwerk als Quelle für die moderne Geschichtsschreibung Verwendung finden kann. Maike Vogt-Lüerssen (2002) kritisiert in ihrer Agrippina-Biographie Tacitus als einseitig berichtenden Geschichtsschreiber. Das mag insoweit stimmen, als der Autor in seinem Werk vorrangig eigene Ansichten vertritt und eigene Schlüsse zieht, wobei er seine Quellen leider nicht nennt, sodass nur schwerlich ersichtlich wird, inwieweit seine Aussagen als die historisch verbriefte Wahrheit gelten können. Vogt-Lüerssen unternimmt in ihrem Buch den Versuch, Agrippina, von der Tacitus das Bild einer machthungrigen und moralisch verderbten Frau zeichnet, zu rehabilitieren. Zu diesem Zweck bemüht sie sich, zu widerlegen, dass die Morde und Intrigen, die Sueton und Tacitus der Mutter Neros zuschreiben, tatsächlich auf diese zurückzuführen sind. So z.B. führt sie das Ableben des Claudius (wie im Übrigen auch den Tod des Silanus[5] und des Britannicus) auf eine natürliche Ursache zurück: „Aber können wir wirklich sicher sein, dass Agrippina ihren Lieblingsonkel, mit dem sie seit fünf Jahren in völliger Harmonie gemeinsam das römische Reich regiert hatte, heimtückisch umbringen ließ? Litt Claudius nicht schon seit Jahren an sehr schweren Magenschmerzen, die ihn zuweilen fast zum Selbstmord trieben und die vielleicht zu seinem Tode führten?" (Vogt-Lüerssen 2002: 140). So kritisch sie einerseits über die Anschuldigungen gegen Agrippina urteilt und diese mit teilweise sogar einleuchtenden Argumenten widerlegt, so unkritisch geht die Autorin andererseits mit den Ausführungen des Sueton und des Tacitus über Nero um. Sie nimmt die Aussa-

---

[5] vgl.: „Vielleicht handelt es sich bei dem Tod des Marcus Iunius Silanus auch um ein plötzlich eintretendes, natürliches Hinscheiden, das wie üblich zu [Spekulationen] Anlass gab. Denn ein Grund für dessen Tötung ist nicht bekannt. Marcus Iunius Silanus schien nie besonders ehrgeizig gewesen zu sein, sodass er vielleicht Agrippinas oder Neros Neid hätte erwecken können" (Vogt-Lüerssen 2002: 148).

gen der beiden antiken Geschichtsschreiber ganz ohne Weiteres hin: „Ja, Nero tat wirklich alles Menschenmögliche, um seine Mutter zu diffamieren und sein Verbrechen – den Muttermord – zu rechtfertigen. Und er hatte auch großen Erfolg damit. Der Senat verfluchte schließlich Agrippinas Andenken" (Vogt-Lüerssen 2002: 163). Aus ihren Aussagen wird schnell deutlich, für wen die Agrippina-Biographin in ihrem Buch Partei ergreift. Sie lässt sich sogar zu gewagten Anschuldigungen gegen Nero hinreißen: „[Es ist nicht auszuschließen], dass Nero – wie so oft, wenn er völlig betrunken war – wieder einmal die Kontrolle über sich verloren hatte und seine Mutter im Affekt totschlug. Vielleicht hatte Agrippina auf dem Fest in Baiae es gewagt, ihren Sohn zu später Stunde wegen seines Verhaltens zu kritisieren, was bei diesem zu einem seiner unberechenbaren, nicht zu kontrollierenden Wutanfälle führte" (ibid.: 164). Maike Vogt-Lüerssen hat sich im Zuge ihrer Beschäftigung mit dem Thema Nero und Agrippina offensichtlich ebenfalls zu einer, wenn auch kritischen, recht einseitigen Darstellung verleiten lassen. Sie wird damit dem Anspruch einer möglichst objektiven und alle Aspekte kritisch hinterfragenden modernen Geschichtsschreibung gleichfalls nicht gerecht.

Aufgrund des Anspruchs der antiken römischen Geschichtsschreibung, dem Leser nicht nur Fakten darzulegen, sondern ihn auch zu unterhalten und zu belehren, wobei eine verstärkte Literarisierung sowie ein hohes Maß an Subjektivität seitens des Autors in Kauf genommen wird, sollten die *Annales*, das historiographische Spätwerk des Tacitus', meiner Meinung nach in erster Linie als Literatur gelesen werden. Erst in einem zweiten, objektivierenden Schritt ist es dann möglich, die einzelnen historisch tatsächlich belegbaren Fakten herauszufiltern und auch die Ereignisse, von denen anzunehmen ist, dass sie sich wirklich so zugetragen haben könnten. Glaubt man Tacitus zu viel oder zu wenig, läuft man sicherlich Gefahr, die historischen Vorgänge letztlich falsch einzuschätzen.

4. Zusammenfassung

Wer Tacitus liest, wird feststellen, dass er die ganze Intrige gegen Agrippina als eine grausige Folge des ständigen Machtkampfes im Kaiserhaus darstellt. Dabei bringt er die jeweiligen wohlüberlegten Schritte der beiden Gegenparteien (Poppaea, Seneca, Burrus, Anicetus und Nero vs. Agrippina) in einen schlüssigen Gesamtzusammenhang. Ausgehend von seinem antiken Geschichtsverständnis, das sich von der modernen wissenschaftlichen, möglichst objektiven Geschichtsschreibung in vielerlei Hinsicht grundlegend unterscheidet, wählt er den Stoff, den er darstellen will, nach bestimmten Gesichtspunkten aus, ordnet Fakten so an, dass sie zu seiner Argumentationslinie passen und interpretiert nach eigenem Ermessen. Als literarischer Autor will er natürlich sein Leserpublikum auch unterhalten und schmückt daher seine Schilderung der Ermordung Agrippinas mit einer Vielzahl von Strukturelementen des antiken Dramas aus, um Spannung zu erzeugen und Interesse am Weiterlesen zu wecken. Günther Wille (1983: 543) unterscheidet vier Phasen in Tacitus' Geschichte von der Ermordung Agrippinas: die Kapitel 1 - 3 umfassen die Voraussetzungen, Überlegungen und Motive des Mordbeschlusses. In den Kapiteln 4 - 6 erfolgt dann der erste missglückte Anschlag auf das Leben der Mutter Neros. In 7 - 8 schildert Tacitus die Ermordung Agrippinas und die Kapitel 9 - 13 bilden den Ausklang: Agrippinas Bestattung, die emotionale Verfassung Neros, und der Brief an den Senat, der daraufhin Dankgebete für die Rettung des Kaiser beschließt. Am Ende steht Neros triumphaler Einzug in Rom und ein Hinweis auf dessen fortan ungehemmt ausschweifenden Lebenswandel.

5. Bibliographie

Text und Kommentar

TACITUS, CORNELIUS: *Annalen*. Band IV, Buch 14 - 16, erl. u. mit einer Einl. versehen von Erich Koestermann. Heidelberg: Carl Winter Univ.-verlag, 1968.

TACITUS, CORNELIUS: *Annales*. Edidit Heinz Heubner. Stuttgart: Teubner, 1983.

SUETONIUS TRANQUILLUS, C.: *Nero*. Lateinisch und Deutsch, übersetzt u. hrsg. von Marion Giebel. Stuttgart: Philipp Reclam, 1978.

SUETONIUS TRANQUILLUS, C.: *De vita Caesarum*. Edidit Maximilian Ihm. Stuttgart: Teubner: 1993.

Sekundärliteratur:

BARRETT, ANTHONY A. (1996): *Agrippina: Mother of Nero*. London: B.T. Batsford Ltd.

Dingel, Joachim (2001): „Seneca". In: *Der Neue Pauly*, Band 11. Stuttgart; Weimar: Metzler.

DUDLEY, DONALD R. (1969): *Tacitus und die Welt der Römer*. Wiesbaden: Brockhaus.

Eck, Werner (1996): „Agrippina". In: *Der Neue Pauly*, Band 1. Stuttgart; Weimar: Metzler.

Eck, Werner (2000): „Nero". In: *Der Neue Pauly*, Band 8. Stuttgart; Weimar: Metzler.

Flaig, Egon (2001): „Tacitus". In: *Der Neue Pauly*, Band 11. Stuttgart; Weimar: Metzler.

GRIFFIN, MIRIAM T. (1984): *Nero: The End of a Dynasty*. London: B.T. Batsford Ltd.

MARTIN, RONALD (1994): *Tacitus*. Bristol Classical Press.

MELLOR, RONALD (1993): *Tacitus*. London: Routledge.

Pflaum, Hans-Georg (1963): „Das Römische Kaiserreich". In: *Propyläen Weltgeschichte*, Band VI: *Rom, die römische Welt*. Berlin; Frankfurt/Main: Propyläen Verlag.

SPÄTH, THOMAS (1994): *Männlichkeit und Weiblichkeit bei Tacitus: Zur Konstruktion der Geschlechter in der römischen Kaiserzeit*. Frankfurt/Main; New York: Campus Verlag.

TRESCH, JOLANDA (1965): *Die Nerobücher in den Annalen des Tacitus: Tradition und Leistung*. Heidelberg: Carl Winter Univ.-verlag.

VOGT-LÜERSSEN, MAIKE (2002): *Neros Mutter: Agrippina die Jüngere und ihre Zeit*. Mainz-Kostheim: Ernst Probst.

WILLE, GÜNTHER (1983): *Der Aufbau der Werke des Tacitus*. Amsterdam: B. R. Grüner BV.